Boris Cyrulnik

El deporte que nos cura

Colección
Resiliencia

El deporte que nos cura

*Entrevistas realizadas por
François L'Yvonnet.*

Boris Cyrulnik

Titulo original en francés:
J'aime l'sport de petit niveau
© Le Cherche Midi, 2020

© De la traducción: Albert Berenguer
© Del prólogo: María del Carmen Paredes

Primera edición: octubre de 2023, Barcelona

Derechos reservados para todas las ediciones en castellano
© Editorial Gedisa, S.A.
www.gedisa.com

Preimpresión:
www.editorservice.net

ISBN: 978-84-18525-97-1
Depósito legal: B 14279-2023

Impreso por Sagrafic

Impreso en España
Printed in Spain

Queda prohibida la reproducción total o parcial por cualquier medio de impresión, en forma idéntica, extractada o modificada, en castellano o en cualquier otro idioma.

El deporte, fenómeno social de primer orden del siglo XX, descuidado durante mucho tiempo por los círculos intelectuales, recibe ahora, sin embargo, toda su atención, ya que arroja luz sobre nuestra sociedad y sobre las implicaciones de un cuerpo humano cada vez más competente.

Estas entrevistas, realizadas en el INSEP ([siglas en francés de] Instituto Nacional del Deporte, de la Experiencia y del Rendimiento), interrogan al atleta, ese *Homo ludens* contemporáneo, recurriendo a la sociología, la filosofía, la historia, la política, la antropología, la economía, la ciencia y la tecnología.

La colección «Homo Ludens» es un espacio para el pensamiento y la libertad de expresión que nos invita a reflexionar, a ser críticos, a romper las barreras entre disciplinas y a comprender los múltiples determinismos que subyacen a la práctica del deporte.

Índice

Prólogo 11

¿Por qué el deporte? 17

Preámbulo 29

El animal y el juego 31

Del acto a la palabra 41

El deportista, un héroe sacrificado .. 49

Una tragedia social 55

Sobre la resiliencia 63

¿Qué escuela, qué dopaje? 71

De la violencia.................................. 77

Desigualdades y categorías.............. 85

Empatía y moral 91

Prólogo

El deporte que nos abre ventanas
María del Carmen Paredes, atleta paralímpica

A los 44 años, un médico me diagnosticó degeneración macular. Antes de eso, mi vida giraba en torno a mis hijos, mi trabajo como enfermera en un gran hospital de Barcelona, y, por supuesto, la gestión de mi casa. Aunque siempre disfruté del deporte, mi participación se limitaba a la grada, animando a mis hijos en sus partidos de baloncesto y a mi marido en sus carreras populares. En este sentido, yo era más una espectadora que una participante: hoy soy una corredora profesional y he tenido el honor de competir como atleta paralímpica en Río 2016 y Tokio 2020, en la categoría T12, que agrupa a deportistas con discapacidad visual severa.

De niña era muy activa y disfrutaba jugando y corriendo por la calle. Pero a medida que crecí, me limité a visitar el gimnasio de vez en cuando y a correr ocasionalmente para mantener mi peso. Por supuesto, todo cambió cuando me diagnosticaron la enfermedad. Me enfrenté a una encrucijada: una opción era quedarme en casa lamentando mi pérdida, sabiendo que mi vida no volvería a ser la misma; la otra, aceptar mi nueva realidad y amoldarme a ella, un proceso que más tarde entendería como «resiliencia» y al que Boris Cyrulnik le concede una importancia capital en este libro. En un acto de valentía, elegí la segunda opción.

Afortunadamente, el deporte siempre estuvo presente en mi hogar. Mis tres hijos jugaban al baloncesto desde pequeños y mi marido había practicado varias disciplinas, como el ciclismo, el balonmano y las carreras en ruta. Así que cuando me enfrenté a mi diagnóstico, decidí atarme unas zapatillas y salir a correr. En poco tiempo, descubrí un lado competitivo que no sabía que tenía. Comencé a participar en carreras populares de 10 kilómetros, 15 kilómetros y media maratón, y empecé a ganar trofeos, algo que me motivaba enormemente.

En los inicios de mi enfermedad corría sola, pero, con el tiempo, el riesgo de caídas aumentó debido a mi deterioro visual. Al ver mi progreso y las posibilidades, mi marido tomó la decisión de abandonar su competición personal y dedicarse a mi carrera atlética. Decidimos emprender juntos este camino, pues sola no podría avanzar. Y así, en medio de una circunstancia difícil, encontré en el deporte una nueva luz, un nuevo propósito, y la posibilidad de superación.

Mi camino hacia la profesionalización en el deporte no fue una decisión repentina, sino un proceso gradual y reflexivo. Al principio, correr era para mí una forma de despejar mi mente, una vía para no concentrarme exclusivamente en mi pérdida visual. También amaba comer, y correr era una buena manera de mantener mi peso sin necesidad de recurrir a dietas. Sin embargo, poco a poco, el deseo de competir comenzó a hervir dentro de mí y empecé a correr en carreras cada vez más desafiantes. Después de unirme a ONCE y de recibir ayuda psicológica, tomé la decisión, tras un año de sesiones, de dejar mi trabajo en el hospital. Fue en ese momento cuando se me presentó la oportunidad de federarme y competir junto a otros deportistas con discapacidad visual. Logré las marcas requeridas y pronto comencé a participar y a ganar en los campeonatos de Cataluña y el resto de España.

El paso hacia competiciones internacionales llegó después de conseguir el récord mundial en maratón. Competir a alto nivel abrió para mí un mundo nuevo: me permitió conocer a grandes deportistas y profesionales del deporte que de otra manera no habría podido conocer en persona.

Cyrulnik concibe el deporte de «bajo nivel» como un ritual de interacción que forma parte de la cultura y el de «alto nivel» como una suerte de espectáculo portentoso. En realidad, creo que ambos cumplen objetivos similares y no son mutuamente excluyentes. Aunque correr por placer es maravilloso, y aunque el deporte en general aporta muchos beneficios para la salud, yo necesito un objetivo por el que luchar, un reto para alcanzar, y eso requiere una dedicación a tiempo completo.

El deporte me ha otorgado beneficios tanto personales como sociales. En primer lugar, me ha permitido conocerme a mí misma, entender mis límites y confirmar que si realmente deseas algo, puedes lograrlo, siempre y cuando estés dispuesta a asumir todas las consecuencias que esto conlleva, incluyendo la necesidad de priorizar y renunciar a otras cosas que también me gustaría hacer. Sin embargo, también he experimentado los beneficios sociales del deporte. El reconocimiento y la validación que uno recibe de los demás son gratificantes; después de todo, ¿a quién no le gusta que le reconozcan su esfuerzo?

Cuando me diagnosticaron degeneración macular, sabía que mi carrera como enfermera había llegado a su fin. Busqué una reubicación dentro del hospital, un puesto que pudiera adaptarse a mis habilidades restantes, pero no se me brindaron opciones. En casa, el deporte era una actividad cotidiana. Por tanto, no fue difícil para mí volcarme en él; se convirtió en el área de mi vida donde podía compensar lo que había perdido y revalorizarme.

En una primera instancia, me encontré preguntándome: «¿Qué haré ahora? ¿Acaso no serviré para nada? Dejaré un trabajo que me llevó años conseguir, ya no podré conducir, perderé mi independencia, no podré hacer ciertas cosas...». Me tomó tiempo adaptarme a la idea; sin embargo, por suerte, me encontré con la resiliencia de la que habla Cyrulnik, aunque en ese momento no era plenamente consciente de su significado. En ese punto de incertidumbre y miedo, logré redirigir mis emociones y encontrar en el deporte una salida, especialmente de carácter mental. Me permitió reorientarme y adecuarme a una nueva faceta de mi vida, proporcionándome un motivo para superarme día tras día y aceptar, poco a poco, mi situación.

Ante una puerta que se cerró, se abrió una ventana de oportunidad gracias al deporte. Cuando perdí la visión, inicialmente pensé que ya no podría hacer ninguna de las cosas que solía hacer, o que las haría de manera deficiente. Pero la realidad es que solo necesitaba adaptarme. En mi caso, esto significó correr con un guía. Y con esta adaptación, puedo correr como cualquier otra persona con visión y hasta competir con ellos. A veces pienso que, si no hubiera perdido mi vista, no habría descubierto mi potencial como atleta ni muchas otras cualidades personales que se me han ido revelando conforme pasa el tiempo.

Al igual que Boris Cyrulnik, creo firmemente en el poder transformador del deporte. Para él, es fundamental el deporte de «bajo nivel», el amateur; para mí, es indispensable, y hasta necesario, el deporte de «alto nivel». Son dos modos de practicarlo y dos modos, igualmente válidos, de ejercitar el cuerpo y la mente. En mi caso, el deporte literalmente «me salvó la vida». Llegó un punto en el que tuve que reconsiderar mi modo de vivir: si ya no podía seguir con mi carrera ni hacer lo que siempre había hecho, ¿cómo iba a ser mi rutina diaria de ahora en adelante? ¿Qué cambios enfrentaría? ¿Cuánto dependería de mi familia? En medio de estos interrogantes, comprendí que había «otra vida» en el deporte. Comencé a conocer a personas que me ayudaron a superar este proceso de pérdida. Nunca recuperaré la vista, pero, al menos, el deporte me ha permitido adaptarme a una nueva realidad, viviendo una vida plena sin echar en falta lo que hacía antes, cuando aún podía ver.

¿Por qué el deporte?

¿Practicaba algún deporte el *Homo sapiens*?
¿Disfrutaba «jugando» a hacer carreras con otra persona?
¿Inventó una prueba de salto de altura en la que el ganador se sintiera orgulloso de saltar más alto que los demás?

No me imagino el deporte del *Homo sapiens* con reglas, limitaciones arbitrarias y apuestas inútiles.

Este adaptaba sus esfuerzos a la resolución de problemas concretos: correr rápido para escapar de un felino de dientes de sable, lanzar una piedra a un atacante, apuntar con una jabalina a un animal de caza. Esto no le impedía saltar de entusiasmo a veces, o darle alegremente un empujón a algún congénere. Sus acciones expresaban emociones, ejercitaban su cuerpo para que rindiera físicamente, pero no se realizaban dentro de un marco ritual que hubiera permitido comparar los resultados. Para ello, se necesitan reglas.

Así es como juegan los animales cuando sienten la necesidad de expresar su alegría de vivir o su agresividad. Los gatitos se pelean, los toros se dan cabezazos y los macacos machos se amontonan unos encima de otros en un alegre tumulto. Para ser considerados deportes, estos juegos de carreras o peleas amistosas tendrían que haberse llevado a cabo según un conjunto de reglas. Pero para aprobar una convención arbitraria se necesita un lenguaje hablado, un acuerdo para poner a prueba a los corredores de 100 metros, los lanzadores de peso o los lanzadores de jabalina.

Desde sus primeros meses de vida, nuestros hijos expresan su alegría de estar en el mundo con sus gestos y balbuceos. Juegan con las manos y los pies, y cogen cosas y las tiran. En esta etapa del desarrollo, no hay necesidad de reglas. Basta con ser uno mismo con tu cuerpo y practicar tu capacidad de expresión.

De hecho, cuando un animal o un bebé dejan de jugar, es una señal grave de malestar.

Mientras corren, saltan y lanzan cosas, estos jóvenes organismos están expresando su bienestar, estimulando su cerebro y entrenando sus músculos.

En cuanto los jóvenes desarrollan la capacidad de la ficción, este placer cambia de fuente. A partir de este momento, es la representación de uno mismo en relación con los demás la que se convierte en la fuente de placer, placer que se añade al del cuerpo, como si el niño pensara: «Lo que me da placer es correr más rápido que el otro».

Entonces, se necesita un método para competir uno *contra* otro; se necesita un reglamento para competir entre sí y darse los medios para evaluar los resultados.

Así es como empieza el deporte, creando un marco de convenciones en el que tiene lugar la aventura de correr en competición, el placer de haber galopado más rápido.

En los albores de la humanidad, bastaba con recolectar para vivir. Caminábamos los unos al lado de los otros recogiendo hojas, haciendo caer frutos de los árboles y atrapando insectos. Pero cuando la edad de hielo nos obligó a migrar, cuando la superpoblación nos obligó a estructurar un modo de socialización, fue nuestra capacidad de artificio la que nos permitió sobrevivir. El artificio de la herramienta y el artificio de la palabra estructuraron nuestras maneras de vivir juntos.

La caza y la agricultura se convirtieron en organizadores sociales. Hubo que inventar herramientas para labrar la tierra, construir refugios y fabricar armas. Para coordinar y transmitir estos nuevos conocimientos, fue necesario perfeccionar las palabras, mucho más eficaces que las señales de humo, los códigos de tambor y los gestos con las manos.

La agricultura nos permitía luchar contra la muerte por inanición, y la caza organizaba equipos que daban muerte a los que iban a ser comidos. El placer del cuerpo ya no consistía solo en saltar: también era necesario unirse y coordinarse para triunfar, luchar contra nuestra muerte dando muerte a animales y enemigos.

La jerarquía se ordenaba en función de lo bien que el individuo pudiera manejar un arma, fabricar un lanzador de proyectiles, afilar un pedernal y enfrentarse a las presas. Cuerpos especializados en función de estos objetivos, como corredores rápidos, devoradores de espacio, lanzadores precisos, vigilantes atentos o fabricantes de trampas para atrapar las presas. Cada uno se especializó según su capacidad para participar en un equipo.

Socializábamos con nuestros cuerpos. Los hombres daban la muerte para proteger al grupo, las mujeres daban la vida para que la especie perdurara. En esta etapa de la civilización, las categorías estaban claras.

Los atletas griegos encarnaban esta concepción de la sociedad, con cuerpos de hombres y mujeres cuya belleza, esculpida por esfuerzos físicos continuados, era muestra de su inteligencia. ¿Por eso inventó Grecia los Juegos Olímpicos? La belleza de los cuerpos formaba un discurso social en el que los hombres griegos triunfaban sobre otros, menos fuertes, menos rápidos, menos inteligentes. Así, los cuerpos dejaban la naturaleza para entrar en la competición social.

El juego apareció tan pronto como los seres vivos pudieron escapar de las limitaciones de lo inmediato. Cuando la supervivencia está asegurada en el mundo real, se puede jugar a la supervivencia en el teatro de las representaciones. Los animales jóvenes juegan a pelearse cuando en realidad no necesitan hacerlo. Los niños juegan a la guerra entre bombardeo y bombardeo. Así es como se entrenan para afrontar el horror.

Los juegos de guerra les entrenan para afrontar la guerra que se avecina, pero cuando esta llega, los niños ya no juegan: sufren.

Cuando la Edad de Bronce apareció en Oriente, y luego en Europa, hace tres mil años, la fabricación de armas dio lugar a una nueva jerarquía social, en cuya cúspide estaban los admirados y temidos guerreros. La posesión de un arma y su manejo creó una nueva clase social, que luchaba en la vida real para apoderarse de la tierra e imponer su ley, pero que, en tiempos de paz, inventaba torneos espectaculares escenificando la guerra. El teatro de la muerte, la violencia y la belleza se apoderaba del alma de los espectadores. Las banderas, las trompetas, los caballos con gualdrapa, las carreras y los cantos representaban la matanza.

Toda cultura es siempre nueva, ya que no cesa de evolucionar para no desaparecer. Ningún deporte puede escapar a los descubrimientos técnicos y a los valores culturales de su contexto.

Fue en la Inglaterra industrial donde el deporte se convirtió en una actividad social consolidada. Primero se formaron equipos entre las personas acomodadas, que tenían tiempo para jugar, mientras que los proletarios permanecían encadenados a las máquinas. Los ricos, liberados de las cadenas, encontraron lugares donde organizar torneos, peleas y competiciones. Establecieron reglas y acordaron ropas de diferentes colores para designar a los aliados y a los contrincantes.

El vocabulario del deporte es el de la guerra: se rompe una defensa, se disparan balones, se expulsa a un equipo, se le aplasta, se consigue la victoria, se humilla en la derrota. Este sistema teatral produce héroes que ganan o salvan el honor. Se organizan competiciones legendarias en las que se quiere y admira al desafortunado héroe del Tour de Francia, o al sangriento ganador de un partido de rugby o de un combate de boxeo. Se agitan banderas, se canta *La Marsellesa* o el himno del país. El sentimiento de pertenencia es estimulante cuando el pueblo está representado por campeones seleccionados y entrenados para defender el honor de un equipo, una ciudad o una nación.

A partir del siglo xx, las organizaciones que crearon estos extraordinarios acontecimientos deportivos empezaron a estructurarse como una empresa. El domingo dejó de ser un día de misa, ya que la Iglesia tuvo que abandonar las instituciones educativas y asistenciales y ponerlas en manos de instituciones laicas. Se convirtió en un día de júbilo deportivo: la gente se reúne alegremente en estos nuevos templos donde los dioses sagrados e intocables son sustituidos por semidioses, las estrellas del deporte que nos hacen sentir orgullosos de nuestra ciudad o nación y que son sacrificadas en caso de derrota vergonzosa.

Los estadios y las pantallas se convierten en nuevos lugares de encuentro, de celebración o de indignación, que reúnen a la multitud. La tecnología organiza estos espectáculos mediáticos que crean momentos de intensa emoción, acontecimientos en una cultura en la que los nuevos empleos «rutinizan» a los trabajadores.

En el siglo XXI, ya no son los colegios ingleses, las pandillas de amigos, los pueblos o las ciudades los que organizan estos alegres juegos de guerra en tiempos de paz: son las empresas multinacionales. Estas compran a unos cuantos mercenarios deportivos con cualidades físicas extraordinarias, los entrenan, los convierten en estrellas, y luego los revenden a clubes-empresa de otras ciudades u otros continentes. Los jugadores ya no son los campeones de un pueblo en particular, son los empleados demasiado bien pagados de un consejo de administración multinacional que impone su ley a las cadenas de televisión, a los municipios y a veces incluso a los gobiernos. Los habitantes de los pueblos y las ciudades se han convertido en consumidores del gran centro comercial llamado «estadio».

Dado que el mayor número de clientes vive en Asia o África, podemos predecir la construcción de nuevos lugares de encuentro, nuevos horarios de transmisión y nuevos valores deportivos asiáticos y africanos. Algunas de las grandes empresas de clubes van a salir a Bolsa, lo que inevitablemente cambia el significado del evento deportivo. La victoria ya no hace feliz a un pueblo: engrosa las carteras de unos pocos accionistas. Hemos dejado la dimensión relacional para entrar en el mundo del éxito financiero. El precio humano ya no tiene gran importancia.

Desde que la tecnología estructura nuestra cultura, el deporte ha sido utilizado como argumento ideológico. El nazismo es un ejemplo trágico, al igual que el comunismo o el liberalismo. El deportista de la Alemania de los años 30 tenía que demostrar su calidad «racial»; el atleta soviético debía ganar para demostrar que la sociedad comunista podía producir atletas de alto nivel; y el liberal compra una estrella para ponerla en su equipo de la universidad y así aumentar las matriculaciones de pago.

Así concebido, el deporte se convierte en una herramienta ideológica.

El derbi que hoy se disputa ya no es el partido de los ricos contra los pobres, es el conflicto de las élites contra los infrahumanos. La jerarquía social ya no se basa en la sangre azul de los aristócratas, en la granja o en la tienda; se basa cada vez más en el diploma y en el rendimiento deportivo.

Así es como la escuela participa en la creación de desigualdades sociales. Quienes tienen titulación superior provocan el resentimiento de los no cualificados sin profesión, mientras que el dinero del deporte hace soñar a los pobres y los poco atléticos.

Nadie se siente humillado por la inaudita actuación de Usain Bolt, que, a pesar de que Marcell Jacobs se haya acercado a su récord, sigue siendo el hombre más rápido del mundo. Los Chalecos Amarillos dicen que son despreciados e ignorados por líderes formados en las mejores escuelas.

En la nueva jerarquía de nuestros valores morales, las mujeres deportistas exigen ser reconocidas, admiradas y pagadas como los hombres. Sus actuaciones mejoran, pero las gradas se llenan más lentamente. Cuando un acontecimiento deportivo se mide por la cantidad de publicidad que puede generar, los partidos femeninos tienen menos valor. ¿Deberíamos considerar Juegos Olímpicos, partidos de fútbol y combates de boxeo mixtos para mejorar la participación financiera de los vendedores de productos?

El hombre máquina, el hombre curado, el hombre aumentado y el hombre protésico se están convirtiendo en una nueva norma social. Dado que se conceden medallas de oro a saltadores de pértiga, esquiadores y pilotos de carreras, ¿por qué deberíamos impedir que un hombre con las piernas amputadas corra con prótesis de acero que mejoran su rendimiento?

La brecha, en nuestras sociedades, entre los educados y los no-educados también se verifica cuando el deporte amateur o de «bajo nivel», practicado para el bienestar y el placer, está totalmente disociado del deporte de alto nivel, en el que el éxito se logra a través del sufrimiento y el aislamiento emocional.

El *Homo demens* del siglo XXI parece ya muy lejano y diferente del *Homo sapiens*, nuestro ancestro.

Preámbulo

¿Cuál es su relación personal con el deporte?

Mi relación personal con el deporte es de amor y afecto. La mayoría de los niños pequeños –no todos– sueñan con ser campeones. Así que yo también tenía el sueño de convertirme en campeón. Pero no sabía de qué.

Quería, ante todo, declarar mi afecto a alguien que me cuidó después de la guerra y que jugaba al rugby. Y la única razón por la que quería jugar al rugby era para crear oportunidades de hablar con él... de rugby.

Fue en aquel momento cuando suspendí unas oposiciones y no pude elegir lo que quería en mi carrera de medicina. Así que me destinaron a Digne, donde donde mis compañeros y yo decidimos montar un equipo de rugby.

Nos preguntamos cómo hacerlo. Así que simplemente organizamos un partido, un torneo de rugby, con siete hombres, con nuestras mujeres, un pícnic, y los bebés alrededor del terreno de juego.

Jugamos muy, muy mal. Pero nos hicimos amigos y así nació nuestro equipo de rugby.

El deporte no es solo una actividad «abstracta» para usted; lo ha vivido, por así decirlo, desde dentro.

Sigue siendo algo abstracto también. El rugby es una hora y media de juego, tres horas en un restaurante, y una semana de derechos de fanfarronería. Está el momento del juego, del cuerpo; luego la parte festiva, ritual; y después la épica, probablemente la parte más importante.

El animal y el juego

Usted no solo es neuropsiquiatra, sino también especialista en etología. ¿Se puede definir al hombre como un animal deportivo? ¿Y por tanto ver en el deporte una especie de diferencia específica? Los animales no parecen ser deportivos...

No, creo que los animales, en cierto modo, también son «deportistas», especialmente los mamíferos, que juegan mucho. Los pájaros también están empezando a hacer pruebas «inútiles», no funcionales. ¿Por qué dejarían caer una hoja y se zambullirían debajo de ella para atraparla? No hay ningún beneficio adaptativo. Quizás se trate simplemente de juego Por supuesto, la palabra «juego» ya es difícil de definir entre los seres humanos, así que para un animal es aún más delicado. Pero este comportamiento ya no se adapta a una respuesta simple e inmediata: se adapta a algo que no está presente.

Hay verdaderos rituales entre los animales. De lo contrario, no podrían coexistir ni tener relaciones de atracción o violencia. Un animal no se presenta de cualquier manera, no corteja de cualquier manera, no comparte la comida de cualquier manera. Respeta los códigos de comportamiento, no verbales, pero que significan algo, para cortejar al otro hasta el punto de bailar, animarse, ayudarse entre sí.

Los gatitos son medallas de oro del juego. Juegan mucho. La mayoría de los animales juega, y cuando un animal deja de jugar, es que su crecimiento ha terminado. Así que hay un efecto de entrenamiento, de juego, que no corresponde a una respuesta inmediata del contexto, y que permite aprender a desarrollarse y convivir, a articularse con los demás.

Así que podemos pensar en ello como una función proto-deportiva.

El juego del Homo ludens *es, sin embargo, incomparable...*

Por supuesto, no es lo mismo, pero he visto *melées* de macacos que me recuerdan mucho a algún partido de rugby Francia-Inglaterra.

Hay que tener en cuenta –y es un misterio– que estos amontonamientos de macacos están formados solo por machos. Esto es suficiente para dar problemas a las teorías de género... (Habría que preguntar a Judith Butler).

¿Por qué solo los machos juegan a este proto-rugby? Vemos montañas de diez a quince machos que de repente explotan, sin salir heridos, cuando alguno protesta.

«Juegos de manos, juegos de villanos».

Pero ¿podemos hablar realmente de reglas? El deporte comienza cuando se instituyen reglas colectivas, posiblemente con jugadores por un lado y espectadores por otro. El juego tiene una función social.

Usaré la palabra «ritual» para evitar la palabra «regla». Hay rituales de interacción que no están muy estructurados, pero que permiten la interacción de todos modos.

¿Hay espectadores? Sí, pienso en los pequeños mamíferos que siempre juegan cerca de sus padres, y cuando estos se alejan demasiado de ellos, dejan de jugar. Todo esto sigue estando cerca de lo biológico, cerca de la emoción, y no son reglas en el sentido de «contrato» o «acuerdo», como en el deporte, pero ya está muy por encima de la mera necesidad biológica. Aunque no es todavía el deporte humano tal y como lo entendemos, ya no es solo la respuesta adaptativa a lo inmediato.

¡Otra diferencia específica que perdemos! La continuidad del hombre con el animal es cada vez más evidente, incluso en las actividades deportivas. Es un duro golpe para nuestro ego...

Siendo el único animal capaz de escapar de la condición animal, el hombre, a pesar del artificio de la herramienta, del artificio de la palabra, sigue siendo en parte un animal. Todos hemos sido mamíferos marinos durante nueve meses, con branquias que se han convertido en nuestros oídos internos. Por eso hemos mantenido una capa de grasa a su alrededor, como los animales marinos, como las focas, que necesitan soportar el frío.

Con el considerable desarrollo de la tecnología y la palabra, nuestra parte animal se ha restringido y transformado. Somos los únicos seres vivos capaces de modificar el entorno que, a su vez, nos modifica a nosotros.

Solo podemos influir en la codificación, en la expresión de nuestros genes, cambiando el entorno. Los animales aún no son capaces de tal cosa, aunque algunos grandes simios ya saben leer y escribir, y algunos perros son capaces de responder a cuatrocientas cincuenta palabras diferentes.

Encontramos posturas significativas en los animales, con gestos y gritos. Y aunque no estamos todavía ante la arbitrariedad del signo, que nos permite hablar, contar bellas historias, no es cualquier cosa. Ya es un lenguaje pre-verbal. Los gritos, las posturas, los colores, los olores, las ofrendas, todo ello constituye un conjunto de códigos de comportamiento muy por encima de la función estímulo-respuesta.

Se ha referido a la adaptación. Desde una perspectiva darwiniana, ¿qué ventaja adaptativa representa el deporte para la especie humana, en continuidad con el mundo animal del que procede?

Si razonamos desde el punto de vista de la ontogénesis –es decir, en términos del desarrollo de nuestros cuerpos y mentes, del desarrollo del yo– creo que, en el curso del juego, los animales aprenden su futura profesión y su futuro lugar social.

Los pequeños machos de los patos, por ejemplo, aprenden a pellizcar el cuello de las hembras, y a las hembras les encanta, como también a los patos. Si no jugaran, no sabrían cómo pellizcar el cuello de una hembra y no podrían aparearse. Desde una perspectiva darwiniana, no tendrían ninguna ventaja reproductiva. Su linaje se extinguiría.

En los patos, como en los mamíferos, el juego es, en parte, un fenómeno adaptativo. En los mamíferos, estos juegos son iniciáticos y preparan la sexualidad. Cuando a un mono o a un perro se le impide jugar, o cuando un accidente en su vida lo aísla, no aprende a jugar, no sabe aparearse o confunde el apareamiento con la lucha. No ha aprendido a ritualizar estas interacciones que le permitirán cortejar a una hembra. Y a la inversa, a la hembra, solicitar un macho. Si todas estas interacciones, establecidas durante estos juegos prepúberes, no han tenido lugar antes de la pubertad, no sabrá cómo hacerlo.

Durante este periodo de juego, los machos y las hembras se preparan y adquieren el lugar que tendrán en su sociedad (en el sentido animal del término). Una sociedad se define por una jerarquía, una prioridad de decisiones, una prioridad de distribución espacial.

Desde un punto de vista darwiniano, estos protojuegos animales tienen una función social, adaptativa y evolutiva.

Y para las personas, este animal que surge de la condición animal, ¿cuál es la ventaja adaptativa del deporte, no del juego?

Imagino que, en la época de los cazadores-recolectores, o en la época de las sociedades con herramientas –con pocas herramientas–, este protodeporte debió tener también una función de preparación para la pareja, la paternidad, la caza, y que los niños tenían que averiguar dónde iban a estar en el grupo.

Entre los cazadores-recolectores, no todos eran cazadores; dependía mucho de la técnica de caza. Si la técnica de caza consistía, como vemos, en atraer a animales enormes a una trampa, entonces todo el mundo participaba en la caza –hombres, mujeres, niños– porque había que guiar al animal por una pequeña pasarela y alejarse lo más rápido posible antes de que cayera en el agujero donde los cazadores habían colocado las estacas. El beneficio adaptativo de este proto-deporte era saber lo que cada miembro del grupo era capaz de hacer.

Pero hay sociedades en las que la caza es mucho más técnica.

Entre los inuit, hay que herir al animal y seguir su rastro de sangre durante varios días, dormir sobre la nieve, y luego marcharse... Este tipo de caza requiere unas cualidades físicas muy específicas. Es mejor ser grande y gordo, para poder resistir el frío durante dos, tres o cuatro días, el tiempo que tarda el animal en morir. La selección se produce, entonces, de forma natural.

Ser flaco, en una sociedad de cazadores así, no es un beneficio adaptativo. En cambio, ser flaco en una sociedad en la que el inglés y los ordenadores forman la jerarquía social puede tener un beneficio adaptativo.

Cuando todavía éramos animales que aprendían gradualmente a escapar de la condición animal, aún existía ese beneficio adaptativo. Pero hoy, creo que el beneficio es sobre todo el placer del yo. Un placer innegociable en una sociedad de tendencia narcisista.

También es un beneficio social. Algunas personas prueban la aventura social del deporte, y ahora sabemos que es un beneficio para nosotros como seres humanos. También puede ser un factor de resiliencia: si uno se ha visto perjudicado en un área de su vida, puede compensarlo muy bien o revalorizarse en otra área de su vida.

Cuando observamos ciertos comportamientos animales, a menudo nos detenemos en la elegancia de un gesto, el supuesto significado de una postura, la profundidad de una mirada... La distancia con lo humano es a veces apenas perceptible.

Creo que no hay ruptura entre el hombre y el animal. Hay una construcción progresiva.

La base de nuestro cerebro es exactamente la misma en todos los mamíferos. Incluso compartimos este antiguo cerebro con las aves.

Hay pues una construcción progresiva, un andamiaje, que llega al artificio de la herramienta. Aunque algunos animales sepan fabricar herramientas, todavía no saben comercializarlas. Sobre todo, marcamos nuestra diferencia mediante el artificio de la palabra, porque, aunque los animales actúan mucho mejor de lo que creíamos en el pasado, todavía no leen a Proust o a Lacan.

Sin embargo, ¡mi perro adora a Lacan! Cada vez que leo a Lacan, baja las orejas y mueve la cola.

¿Es un signo de sumisión o de despertar?

No, ¡mi perro es el único, sin duda, que consigue entender a Lacan!

Del acto a la palabra

Usted es a la vez neuropsiquiatra y etólogo. ¿Cómo puede este doble enfoque iluminarnos sobre el objeto de nuestra reflexión, la actividad deportiva?

Estos enfoques están en el origen de las teorías del apego, hoy en día, más citadas en psicología. Es decir, la etología animal fue el punto de partida de las observaciones denominadas «naturales»; definir la naturaleza del hombre no es evidente.

Salimos de este embrollo diciendo que la naturaleza del hombre está ahí donde vivimos en nuestra cultura. Observando el comportamiento natural y espontáneo, los accidentes de la vida, en los animales y en los seres humanos, podemos establecer una semiología, una ciencia de los signos, y entender qué alterará el desarrollo del animal cuando se quede huérfano, por ejemplo.

Esta palabra, huérfano, que solo tiene sentido para nosotros, se traduce en una grave alteración biológica en el animal. Su mundo sensorial se vacía y muere. Algunos, sobre todo los monos, sobreviven porque han tenido el talento de solicitar el apego del otro, y si este –a menudo hembra, a veces macho– responde, vemos que el simio reanuda su desarrollo. Por lo tanto, estas observaciones son experimentos reales, que no podríamos llevar a cabo en un laboratorio por razones éticas obvias. Al final, la vida es mucho más cruel que el más cruel laboratorio.

Este cuasi experimento nos permite, no extrapolar, por supuesto, sino formular la misma pregunta para los seres humanos. Dos grandes nombres del psicoanálisis, Réné Arpad Spitz y Anna Freud, en 1946-1947, utilizaron las hipótesis de la etología animal para observar cómo un niño abandonado en aislamiento sensorial evolucionaba exactamente igual que los animales en circunstancias similares.

La neurociencia permite observar y medir todas las alteraciones y malformaciones biológicas del cerebro causadas por la privación sensorial. Los animales tienen mucho que enseñarnos.

Por lo tanto, el deporte desempeña un papel importante en el desarrollo del cerebro y el aprendizaje. Usted añade que esta conexión entre la actividad muscular y la disponibilidad del cerebro también es válida para los músicos. ¿Podría aclararnos este punto?

Es más que un proceso de aprendizaje, es una «escultura» cerebral. Un niño que hace deporte está esculpiendo su cerebro. Si corre, esculpirá las áreas corticales que controlan las neuronas y los músculos de las piernas. Si hace lanzamiento de peso, veremos qué otra parte del hemisferio correspondiente al brazo y a la mano estará hiperdesarrollada.

Cuando entrenas tu cuerpo, estimulas tu cerebro, en contra del prejuicio de que músculos grandes producen cerebros pequeños. Luego, una vez esculpido el cerebro, hay que hacer de ello algo relacional, pero al menos la herramienta ya está preparada.

Al conocer los mecanismos del aprendizaje psicomotor, descritos por Piaget, vemos la importancia que puede tener en una educación física bien entendida y pensada.

Por supuesto. Piaget dijo: «Del acto al pensamiento». Es decir, dijo que empezamos a pensar mediante el acto.

Y, para responder a su pregunta sobre la etología animal, ahora sabemos que un niño empieza a pensar con las manos. Piaget lo demostró recurriendo a los métodos de la etología animal. Un niño que, a los 11, 12, 13 meses, señala con el dedo, hablará. Se trata de una observación ontogenética. Señala con el dedo la dirección del objeto codiciado, mira en otra dirección en el espacio, y ya no en la del objeto, intenta articular un balbuceo, que dirige la figura de apego al objeto codiciado que el niño es demasiado pequeño para agarrar.

Esto significa que el niño es capaz de descentrarse de lo que percibe, señalar el objeto deseado e intentar intervenir con un balbuceo en el mundo íntimo de la figura de apego. Un niño que a los 11 meses hace esto comenzará a hablar a los 20, y a los 30 meses sabrá hablar.

He aquí una observación del comportamiento que permite observar que un niño que no se encuentre en esta situación a los 14 meses es un niño que se prepara mal para el habla. Se trata de un signo clínico bastante grave que los pediatras, psiquiatras, enfermeros y psicólogos deben aprender para detectar cada vez más temprano el autismo.

Cuando yo estudiaba, el autismo se detectaba a los tres años y medio aproximadamente. Ahora, el autismo se detecta alrededor de los 12 a 18 meses. Esta prueba es una de las mejores señales de detección del autismo. Incluso hay señales más tempranas.

Además, ciertas capacidades intelectuales se desarrollan, tal vez incluso se ven favorecidas por la actividad deportiva. ¿No deberíamos cuestionar el sacrosanto dualismo que distingue dos «sustancias», el alma y el cuerpo? ¿No es el dualismo metafísicamente engorroso?

A nosotros, los psiquiatras, Descartes nos jugó una mala pasada al separar el alma y el cuerpo. Hizo del cuerpo algo que se puede pesar, medir, palpar, y del alma una sustancia inmaterial, indeterminada. Y, sin embargo, según Descartes, esta sustancia inmaterial estaría localizada en la glándula pineal. No sé cómo se puede amarrar algo que no tiene materia a la glándula pineal...

La glándula pineal, en Descartes.

Yo prefiero decir «pito epifisario», que se encuentra entre los dos hemisferios cerebrales, y cuya función es neuroendocrina.

Descartes hizo un favor a la medicina experimental, aunque no a los animales, porque al desarrollar la medicina experimental casi fomentó éticamente la experimentación con animales. Y aunque el sacrificio de animales es a veces necesario, a menudo es abusivo.

Sin embargo, también hizo un flaco favor a la ciencia de la psicología al decir que era algo que no se podía observar, que no era palpable ni medible. Ahora, con la neurociencia, nos damos cuenta de que cuando hablas, si piensas, es una parte anterior de tu área cingular la que empieza a consumir energía; no es el lóbulo temporal, donde en cambio convergen los esfuerzos del habla.

Es decir que el hecho de pensar está ligado a la emoción, o sea, al cuerpo. Si dices: «Me imagino lo que voy a hacer el próximo domingo, me imagino lo que voy a decir, pero no lo digo, me imagino lo que podría decir», eso está ligado a la emoción. «Ah, se lo explicaré, encontraré las palabras». Luego está el trabajo de la palabra, del acto, del acto de hablar. Es un acto: muevo la lengua, contraigo el diafragma.

Así que hoy en día, ¿cómo podemos seguir siendo cartesianos? Creo que el hecho de hablar, de hacer un esfuerzo, cambia el cerebro.

Y, una vez construida la herramienta relacional mediante el acto, en ese momento, uso esta herramienta con más o menos destreza.

Y ahí, quizás Descartes pueda ayudarnos. Pero solo una vez construida la herramienta.

El deportista, un héroe sacrificado

Tras estas reflexiones sobre la convergencia de los enfoques de la etología y la neuropsiquiatría, podemos intentar adoptar otro punto de vista, de carácter ideológico y social.

El deporte es también una actividad ideológicamente instrumentalizada. Pensemos en la forma en que lo hicieron los nazis. Pero también comercialmente. El deporte, en su dimensión espectacular, puede ponerse al servicio de objetivos o propósitos bastante aterradores...

Sí, todos tenemos en mente las imágenes del estadio de Berlín con el portador de la antorcha corriendo entre la multitud. Nos encontramos ante un discurso político. Vemos orden, los hombres están alineados, y un superhombre llega. Es guapo, probablemente rubio. Va a subir unos escalones, parece que va a subir al cielo y va a encender una llama, y todo el mundo quedará deslumbrado.

Esto que usted me plantea me hace pensar en un autor. Llega, sube los escalones, los haces de luz le iluminan, los tambores suenan, las banderas chasquean, yo grito: ¡Brasillach! Esta imagen es un discurso político, es una imagen semántica.

Otras imágenes podrían describir otro orden: el Padre de los pueblos, al que todos le enviaban besos. O, en otras culturas, el rey, al que no hay que mirar, sino inclinarse ante él.

Todos estos comportamientos son escenificaciones proto-verbales, son discursos políticos. Entonces, en lo que respecta al deporte, creo que, como todas nuestras herramientas, inevitablemente es recuperado ideológicamente. Es cierto en el caso del capitalismo. Es cierto en el caso del Padre de los pueblos: muchos atletas tuvieron que ganar medallas para demostrar la superioridad de la organización social del marxismo-leninismo. Es cierto en el caso de otros fascismos que tuvieron que demostrar la superioridad social de los delgados y rubios dolicocéfalos.

De ahí la indignación moral de Jesse Owens, que se convirtió en mito, porque era guapo, era inteligente, era «negro» y ganó. Desde el punto de vista moral, es una hermosa fábula.

También hay representaciones, aunque menos elaboradas, en el mundo animal. Algunos animales ya no están sujetos solo a la percepción. Es decir, cuando perciben, procesan, ordenan, para hacer una representación. No es una representación verbal, pero ya es una representación: de olores, de imágenes. Así aprenden y se desarrollan.

¿Y qué pasa con el animal humano que somos, con la arbitrariedad del signo? ¿Te das cuenta de que, con unas pocas letras del alfabeto, con unos pocos signos, podemos escribir un montón de novelas distintas? Hacemos signos con todo: con nuestra ropa, con nuestros adornos, con nuestro pelo. Hay «pelos de extrema izquierda», como la barba en su momento, y «pelos de extrema derecha», como cierto bigote...

Lo semantizamos todo. Entonces, ¿por qué no haríamos lo mismo con los eventos deportivos?

También lo hacemos.

Los campeones deportivos son modelos con los que nos identificamos. Son los nuevos héroes de nuestro tiempo. Esta identificación con figuras que se enfrentan sin matarse ni ir a la guerra es algo bueno, pero al mismo tiempo, estos héroes están como fuera de la realidad, porque están atrapados en un mundo espectacular, como analiza Debord, por ejemplo...

Sí, claro, y somos cómplices de ello, porque si montan este gran espectáculo deportivo es para complacernos. Todo forma parte del pacto capitalista: ganan dinero porque nos gustan. Pagamos para que nos complazcan.

Creo que el héroe está, en esencia, vinculado a la violencia. En cuanto un grupo humano, un barrio, un pueblo, necesita un héroe, este héroe que lo representa tendrá la función de revalorizar al grupo, al barrio o al pueblo.

«¡Has visto lo rápido que corren los rubios, mientras que los negros no corren rápido!» O viceversa. «¿Has visto lo valiente que es? Pertenece a mi religión, a mi raza. Es valiente como nosotros».

El héroe, al fin y al cabo, nos representa, y debe asumir riesgos. Debe arriesgar su vida, debe arriesgar su vida por nosotros, para repararnos.

Creo que el heroísmo está ligado a la violencia, o más exactamente, está ligado al sacrificio. Y lo amaré aún más cuando esté muerto, porque los únicos humanos perfectos son los muertos. Cuando uno está vivo, es necesariamente imperfecto. Entonces, al héroe, voy a endiosarlo, voy a contar lo hermoso y generoso que era. Más vale que esté muerto, porque si está vivo, un día u otro me demostrará que estoy equivocado.

El heroísmo está ligado a lo social, a la reparación narcisista, como decimos en nuestras teorías. Y a la violencia.

Esta es la función psicosocial del héroe.

Totalmente. Recuerdo un partido de hockey entre checos y rusos tras la invasión soviética de Checoslovaquia en 1968. Los checos ganaron a Rusia. Hubo una explosión de alegría en Praga. Es un ejemplo perfecto de venganza simbólica, porque los checos habían sido masacrados y sometidos por el ejército ruso.

Las personas consiguen así simbolizar y someterse a algo que solo existe en la representación, a algo completamente desvinculado de la realidad. Las personas nos las arreglamos para hacerlo. A veces, incluso hasta el delirio.

Esto es a nivel colectivo o comunitario. Pero ¿se aplica también a nivel individual?

Sí, salvo que, a nivel colectivo, tenemos muchas más historias. A nivel individual, tenemos el cuerpo a cuerpo: necesito verte, necesito ver tus expresiones faciales, cómo vas vestido, cómo asientes con la cabeza cuando hablas. Incluso cuando hablamos, cuando charlamos, hay un cuerpo a cuerpo.

En cambio, cuando se hace un relato colectivo, es muy fácil delirar. Porque el relato colectivo puede estar completamente aislado de la realidad. En el relato colectivo, nos sometemos a una representación que ya no apunta a nada real.

Una tragedia social

El deporte participa, en cierto modo, de lo que podríamos llamar –aunque el término esté un poco manido– el proceso de socialización. ¿En qué medida, en su opinión, el deporte es una actividad socializadora?

Hablamos mucho del deporte de alto nivel, y me gustaría hablar del deporte de bajo nivel.

Volveremos a hablar de esto más adelante, pero quedémonos por un momento con la función socializadora del deporte, que es un elemento esencial. El deporte, a cualquier nivel, también consiste en aprender a perder. No todos ganan. Esta es una gran y útil lección.

Solo podemos saber quiénes somos si participamos de los acontecimientos o asistimos a ellos. Incluso los traumas nos identifican: yo soy el que ha tenido tal o cual tragedia en mi vida, yo soy el que ha superado la tragedia, o no ha superado la tragedia. Solo puedo saber quién soy si hay dificultades. Y si no hay dificultades, no sé quién soy.

De ahí el deseo de ponerse a prueba, o de asistir a pruebas para convertirlas en mitos. El deporte tiene esta función de tragedia social, como el teatro griego. El teatro griego escenificaba los problemas de la ciudad y los ciudadanos debían asistir. Creo que ni siquiera se les permitía salir del teatro sin hablar de la obra. Debían quedarse y comentar entre ellos –función democrática– los problemas de la ciudad que los actores habían *representado*, en el sentido teatral del término.

Creo que se puede decir lo mismo del deporte: está el ganador, el perdedor, el pequeño que logra una hazaña aplastando al ganador. Hay toda una escenografía de la condición humana. Lo vemos, y luego comentamos, hablamos. «Viste a Jesse Owens en Berlín, un negro que es guapo, que es simpático...»

Creo que los deportistas tienen esta misma función del teatro griego.

No basta con pintar un cuadro idílico de la confrontación deportiva. También hay cuerpos magullados. Piensa en el boxeo. El boxeo, a cierto nivel, presenta riesgos que pueden tener consecuencias muy graves, como las lesiones cerebrales.

Debemos distinguir aquí entre los niveles médico, neurológico y social. La historia social del boxeo no comenzó con la gente común, sino con los aristócratas.

Durante mucho tiempo, y todavía hoy, los seres humanos han sido jerárquicos. Es muy difícil hacer campaña por la democracia. Si dejamos que la «naturaleza» siga su curso –palabra que yo uso entre comillas–, si cedemos a nuestros impulsos, volveremos rápidamente a los procesos arcaicos de socialización: la ley del más fuerte.

Así que los aristócratas eran los más fuertes, porque eran los únicos que sabían luchar. Tomaron sus títulos, tomaron la tierra luchando, y luego impusieron, atormentaron al pueblo exigiéndole impuestos para poder pagar un ejército y una policía, lo que permitió someterles aún más. Hay una historia de chantaje que los hizo fuertes.

También han embellecido nuestra cultura, y muchas otras, construyendo castillos y financiando a músicos. Gracias a ellos, tenemos magníficas obras de arte. Los aristócratas han embellecido toda nuestra cultura, y muchas otras culturas, mediante la violencia, imponiendo su ley.

Entonces, es fácil entender por qué los aristócratas fueron los primeros en practicar deportes de lucha. No hace mucho tiempo, los niños ricos, los aristócratas, aprendían a batirse en duelo y aprendían el boxeo francés. Era un signo de buena educación. Hace una o dos generaciones, se pensaba que un hombre no pasaría por la vida sin haber experimentado dos guerras y cuatro o cinco peleas callejeras.

Un hombre de verdad tenía que saber luchar. Por eso no es de extrañar que los aristócratas fueran los primeros en practicar el boxeo. Y luego, muy rápidamente, encontraron más ventajoso utilizar a los chicos pobres que, a su vez, estaban dispuestos a apalearse unos a otros para ganarse unas monedas.

Lo vi cuando estaba en el instituto en París. Había barracas de feria: «¿Con quién quieres pelear?» Había gente gorda, bajita y flaca que se presentaba. Y entonces lanzabas el guante, y alguien levantaba la mano. Y la mayoría de las veces, recibía una paliza. Pero a veces ganaba y se iba con el equivalente a un billete de diez o veinte euros. Hasta aquí, el plan social relacionado con las relaciones humanas arcaicas.

Desde el punto de vista neurológico, un boxeador noqueado tiene el cerebro golpeado contra el cráneo, y eso ha provocado un hematoma. Cuando el hematoma desaparece, hace un agujero, un agujero en su cerebro. Así que nos reímos. Hemos visto un buen espectáculo. Lo comentamos. Asistimos a una escena del teatro griego. ¡Pero el boxeador sigue teniendo un agujero en el cerebro! Hay muchos boxeadores con la enfermedad de Parkinson.

Otros deportes también se pagan muy caros: la estenosis del canal cervical fue descubierta gracias a los pilares de rugby por mi profesor y amigo José Aboulker, que veía llegar al Hospital Pitié Salpêtrière los lunes por la mañana a jugadores de rugby que tenían paraparesia, es decir, un principio de paraplejia, que desaparecía en tres o cuatro días. Y los chicos volvían el lunes siguiente con los mismos síntomas. ¡No era normal que los chicos solo se paralizaran los lunes y no los demás días de la semana! De hecho, los golpes de la *melée* hacían que la médula espinal se hinchara y, si tenían un canal espinal pequeño, provocaban una compresión. Cuando la hinchazón bajaba, la compresión desaparecía y los chicos volvían a entrenar. Así fue como José Aboulker hizo este hermoso descubrimiento, que hoy es útil para mucha gente, incluso para los que no son jugadores de rugby.

Podríamos aplicar el mismo razonamiento a las escuelas de élite. Los jóvenes que se preparan para esas escuelas trabajan dieciocho horas al día, se estresan, están orgullosos, son felices, rinden intelectualmente, igual que los deportistas rinden físicamente. No hay duda: lo han conseguido.

Muchos pagan un alto precio en términos humanos, porque se han aislado de los demás, han vivido en un mundo de representación, y el día que llegan a un puesto de responsabilidad –que no le han robado a nadie– no saben saludar, no saben establecer relaciones humanas, no han aprendido las fiestas del pueblo ni los rituales de la interacción diaria, al igual que los deportistas no han aprendido la tontería que es un combate de boxeo.

Creo que a nuestros jóvenes intelectuales se les pide que rindan a un alto precio. Muchos se deprimen, incluso después del éxito, tras un concurso. Hay muchas depresiones después del éxito.

Lo mismo ocurre con los deportistas de alto nivel. Después de las medallas, después del éxito, hay una caída en la depresión. No se sale impunemente de tal intensidad emocional.

A veces el éxito se paga muy caro.

Sobre la resiliencia

Están los deportistas de alto nivel, los que acabamos de mencionar, los que ocupan el centro del escenario. Pero también están todos los demás, que hacen deporte de forma distinta. Todos los atletas de «bajo nivel», aquellos que no buscan ser campeones, que no buscan el rendimiento por el rendimiento, que buscan más bien divertirse, expresarse, realizarse en una actividad física...

En el deporte de bajo nivel, la relación es más íntima e intensa que en el deporte de alto nivel.

En el deporte de alto nivel, tenemos el espectáculo, a menudo sorprendente, admirable, como los virtuosos del violín. Pero esto no está al alcance de todo el mundo. Deberían dedicarse por completo a ello. Y, aun así, no estoy seguro...

Mientras que en el deporte de bajo nivel –me gusta provocar un poco diciendo deporte de «bajo nivel»– tenemos una relación intensa, estamos obligados a hablar entre nosotros, estamos obligados a invitarnos a comer o a cenar después. Cuando jugaba al rugby, íbamos al restaurante con nuestros rivales después del partido. Los jóvenes deportistas de hoy en día tienen una dieta saludable que nosotros no teníamos.

Todo este aspecto relacional casi desaparece en el deporte de alto nivel. Comenzar oración con: «El deporte de bajo nivel...» implica el encuentro, el habla, el restaurante, la amistad, el conflicto, la vida. Es un ritual de interacción que forma parte de la cultura, mientras que el deporte de alto nivel forma parte del espectáculo. A menudo es impresionante, pero es sobre todo un espectáculo.

Quizás tendemos a olvidar que la mayoría de los deportistas en Francia, en términos numéricos, son deportistas aficionados o de bajo nivel, mientras que los medios de comunicación hablan principalmente de deportistas de alto nivel o incluso de muy alto nivel.

Los deportistas de muy alto nivel ofrecen tal espectáculo que a menudo surge una industria a su alrededor. Y los consumidores de esta industria son los deportistas de bajo nivel, que compran las mismas zapatillas que sus ídolos con la esperanza de ganar y correr más rápido... Es una cadena comercial perfectamente organizada en torno al espectáculo.

Pero a mí lo que me interesa del deporte amateur es el placer, la higiene, la higiene física, la estimulación cerebral, la estimulación amistosa, los aspectos rituales y sociales. Hay muchos pueblos que organizan partidos muy malos, pero la fiesta luego es enorme.

Este deporte de bajo nivel permite la autoexpresión al tiempo que es un elemento de integración social, como puede ser el caso de las personas discapacitadas.

Sí, a veces me encuentro con deportistas discapacitados, y siempre me encanta la importancia que le dan al deporte y la felicidad que les proporciona.

La discapacidad suele ser una lesión física, pero también es una lesión mental y social. Esta lesión física puede repararse con un partido de baloncesto en silla de ruedas. Se tiende a considerar que el rendimiento en estos casos no es destacable. Estamos equivocados. No solo el rendimiento es enorme, sino que están recibiendo una reparación narcisista, en el buen sentido de la palabra.

«No soy tan discapacitado como crees; la prueba es que puedo moverme, puedo hacer deporte como tú, puedo correr, puedo vivir como tú. Así que no estoy tan alienado como pensabas. La discapacidad, la tengo, pero la supero en parte, la metamorfoseo, hago algo con ella, soy capaz de jugar un partido de baloncesto o una carrera, a pesar de mi discapacidad».

Así que, física y mentalmente, ponen un gran énfasis en ello, lo cual es bastante respetable, porque les permite volver a la vida de otra forma.

Estamos muy cerca de un concepto que usted ha ayudado a formar y difundir, el de «resiliencia».

¿Cómo podemos pensar en la resiliencia en el contexto del deporte y la discapacidad?

Usted tuvo la oportunidad de conocer a Philippe Croizon, un amputado de cuatro extremidades. Es un magnífico ejemplo de éxito deportivo y resiliencia.

Su ejemplo va incluso más allá de la resiliencia, porque reconoce que antes de su accidente era una persona más difícil de lo que es hoy.

Perdió las cuatro extremidades. Era muy infeliz y estaba deprimido. Esa es la reacción normal después de una tragedia como esa. Y en ese momento, decidió no rendirse ante esta terrible lesión.

Pero había un apego seguro en él, gracias a su madre. Eso es lo que me dijo, en presencia de su madre, que sonreía de oreja a oreja. Antes del accidente, tenía confianza en sí mismo. Fue esta confianza en sí mismo la que le empujó a buscar lo que le ayudaría a volver a vivir, a pesar del accidente, con el accidente.

Y en ese momento, tuvo una idea, una idea loca:

«¡Tengo que empezar a nadar!» Nunca había nadado antes. «Tengo que entrenar para conseguir algo». Tuvo que empezar soñando, luego pensando esta idea loca, y finalmente encontró el apoyo afectivo y la institución para intentar conseguirlo. Y lo consiguió.

Esta victoria sobre sí mismo es un ejemplo de resiliencia, pero sobre todo un ejemplo para muchos niños que están viviendo la misma tragedia o una similar. Ahora saben que, si buscamos en nuestro interior y en nuestro entorno una forma de volver a vivir –no como antes, sino de vivir bien de todos modos, en otras circunstancias– podemos superar esta tragedia. Esto animará a muchos desafortunados.

Estamos lejos de la exhibición de atrofias o minusvalías en el parque de atracciones de antaño. La discapacidad se ha convertido en una especie de desafío.

La definición de resiliencia es la metamorfosis del trauma. Hemos recibido el trauma, pero no nos sometemos a él. Lo conviertes en una representación, que sirve de modelo para otras personas lesionadas.

Como psicoterapeuta, debe saber medir mejor que nadie la importancia del deporte en este sentido, por la forma en que se pone a prueba, de proyectar el desafío, y ofrecerlo, en cierto modo, como una participación. Es un acto simbólico muy fuerte.

Sí, por supuesto, tiene un valor simbólico. Pero también es una transacción constante, porque las lesiones físicas no son iguales para todos. El estado anterior a la lesión no es igual para todos, y sobre todo el apoyo después de la lesión tampoco es igual para todos. Pero podemos actuar en varios niveles: físico, mental, emocional, social y político.

Si se puede demostrar que cuando se apoya a estos hombres, se les permite reanudar otra vida, una vida humana, con dignidad y orgullo, esto debe ir acompañado de una decisión política para organizar las instituciones que les permitan grandes esfuerzos físicos, mentales y relacionales.

Hay que tener un razonamiento sistémico: ya no es una causa la que provoca un efecto, no es que Philippe Croizon sea un superhombre. No es un superhombre, en absoluto, de hecho, y lo sabe. Y si ha redescubierto la alegría de vivir pagándolo con sufrimiento físico, si se entrena muy duro, con momentos de desánimo, si consigue victorias, momentos de gracia, que ofrece a otros heridos como él, se debe a su valor y al apoyo que ha recibido de las instituciones.

¿Qué escuela, qué dopaje?

El deporte es un objeto de aprendizaje, de reflexión y de estudio, que hoy tiene plena dignidad, lo que no era el caso hace unas décadas. Ser bueno en gimnasia no era la marca del buen estudiante. Sin duda, las cosas han cambiado, pero ¿considera que el lugar que se le da a la educación física y al deporte en la educación escolar hoy en día es satisfactorio? Por ejemplo, en relación con los temas puramente teóricos.

¡Me otorgan la responsabilidad del ministro de Educación!

Casi.

La neurociencia confirma la hipótesis de que el deporte mejora la herramienta del cerebro, siempre que se utilice para establecer una relación.

También encontramos esta idea del deporte como marcador cultural.

En Estados Unidos, a quien le va bien en los deportes se le ayuda a entrar en una universidad, aunque esta sea muy cara. Si es un buen atleta, entrará, se le ayudará y obtendrá una beca que luego devolverá. Esto forma parte de la ideología estadounidense del éxito, que por otra parte podemos criticar.

En nuestro país, la palabra «éxito» tiene otra connotación. «No es bueno tener éxito». El éxito suele ser sospechoso de la explotación de los demás, como ocurría en los primeros tiempos de las sociedades.

A riesgo de escandalizar a los profesores, yo diría que el desarrollo a través del deporte y el arte debería tener lugar fuera de la escuela. Es decir, debería haber una institución escolar y extraescolar, como he visto en Colombia y en muchos otros países sudamericanos, donde se saca a los niños de la escuela para que hagan música: orquestas, por ejemplo, en los barrios marginales.

El deporte y la música son los dos grandes factores de la lucha contra la delincuencia. Cuando los antiguos gobiernos usaban un razonamiento de «causa y efecto», una causa –son delincuentes–, un efecto –enviaré a la policía–, el orgullo de estos chicos, sobre todo de los chicos, era enfrentarse a la policía. «¿Has visto cómo he mantenido la cabeza bien alta?» Ese era su único orgullo.

Desde los dos últimos gobiernos colombianos, la política ha cambiado. Llevan bailarines, guitarristas y deportistas a los barrios pobres. No hay niño que se resista a un guitarrista o a un futbolista. Y el resultado es que han conseguido «pacificar» un gran número de barrios pobres. Los niños van a la escuela en las barriadas porque entienden que se encontrarán con el bailarín, el guitarrista, el deportista que los sacará de la escuela para hacer espectáculos de baile, partidos de fútbol, más o menos exitosos en campos inclinados, como suele ocurrir en Colombia. Pero no importa. Juegan, se reúnen, hacen actuaciones, gritan.

El deporte es un factor de reparación de su dignidad, una oportunidad de encuentro. Van a la escuela para aprender, y para conocer a un guitarrista o a un futbolista.

Quizá haya que abrir un poco la escuela, un lugar bastante cerrado desde los griegos.

La práctica del deporte se caracteriza por dos grandes tendencias, dos grandes «valores»: por un lado, la búsqueda del rendimiento en el deporte de alto nivel, y por otro, prácticas menos competitivas, más centradas en la autorrealización.

¿Superarse a sí mismo, como exigencia, destilado por el espectáculo deportivo mediático, no contribuye a que nuestras sociedades sean menos pacíficas?

En efecto, no estamos realmente en sociedades pacíficas, precisamente por culpa de la expresión «superación» frente a la expresión «logro». Y esta necesidad de ir más allá de uno mismo explica las sustancias que uno toma para ir más allá de su cuerpo, de sus posibilidades, para ir más allá de los límites.

Los deportistas son castigados por ello cuando se les pilla, mientras que, a los estudiantes de medicina, cargados de anfetaminas, se les convalida el título. No se hacen pruebas de orina después de los exámenes de medicina. Corydrane, un derivado de Maxiton, estaba disponible sin receta cuando yo era estudiante. La mayoría de los estudiantes de medicina, incluido su servidor, tomaron Corydrane para mejorar su rendimiento.

Ya sea que el rendimiento se desarrolle en un partido o que la selección para una escuela de élite se lleve a cabo en una mañana, no hay razón para privarnos de esta ayuda química, por la que pagamos mucho dinero, que lo distorsiona todo, que es un engaño, pero que es una respuesta adecuada a todo nuestro sistema cultural, incluyendo la escuela y el deporte.

En cambio, si la selección se hace, como hacen cada vez más países, a lo largo de toda la vida –«Cada día en el trabajo tendrás que demostrar tus habilidades en cada relación, tendrás que demostrar tus habilidades en cada partido de fútbol...»–, entonces no sería solo por *un* día, por *un* partido, sería por toda una vida de disfrute.

Si así fuera, probablemente recurriríamos mucho menos a las drogas.

De la violencia

Pasemos ahora a la cuestión de la relación entre el deporte y la violencia.

A usted le gusta recordarnos –como demuestra generalmente la antropología– que las sociedades se forman contra *la violencia. Es un tema que recorre toda nuestra tradición intelectual, desde Platón hasta René Girard, pasando por Freud y otros.*

¿Qué relación cree que tiene el deporte con la violencia?

Es en el crimen donde se constituye la sociedad, decía Freud. Nuestras sociedades humanas se formaron mediante la violencia extrema, porque la violencia era un valor adaptativo. Sólo se admiraba a los hombres violentos. Las mujeres, las madres, solo admiraban a los hombres violentos. E incluso hoy en día, en los países en proceso de destrucción, reconstrucción o guerra, las mujeres admiran a los hombres violentos y desprecian al hombre que no tiene el valor de luchar. Así que la violencia ha tenido una función creativa.

Cuando la sociedad está ya constituida, la violencia solo es destructiva. Es destructiva para la pareja, destructiva para el grupo social, para el barrio, y por supuesto destructiva para la nación, para los países.

Esto significa que la violencia es un valor adaptativo si el contexto es violento. La violencia es un valor destructivo si el contexto es pacífico.

En el contexto del deporte, en el marco de una sola actuación, en un día o en una hora, esto genera inevitablemente una violencia individual, con toda la dificultad de controlar los propios impulsos.

Muchos entrenadores, sobre todo en el rugby, fomentan y valoran esta violencia que, si no se controla, lleva a la sanción. Esto dificulta el trabajo a muchos deportistas, que han aprendido a ser violentos, y si lanzan su bolsa a la cabeza de un espectador o un entrenador, pierden su trabajo, cuando el mismo entrenador los había animado a la violencia. La violencia es ambivalente.

Por otro lado, existe otra forma de violencia, que es la violencia de los medios de comunicación. Cuando una multitud es violenta, es porque erotiza la violencia. No es para nada la misma función. En el primer caso, hay una actuación que nos arrastra y hemos perdido el control de nosotros mismos. Mientras que, en la violencia mediática, se va a un partido de fútbol para ser violento; es decir, se espera la oportunidad para desencadenar el placer de la violencia. Hay una euforia, un erotismo de la violencia.

Algunas personas anhelan el estrés, el miedo que les hará sentirse eufóricos durante una o dos semanas después de cometer actos de increíble estupidez y agresividad. Probablemente se trate de una reacción adaptativa, en el sentido darwiniano, a una sociedad de la rutina.

A muchos de nosotros nos gusta la rutina, porque ahí es donde conseguimos un rendimiento real y duradero, no el de un día o una hora. Es el desempeño sostenido y repetido. La rutina favorece estos desempeños duraderos: si trabajas todos los días con regularidad, acabas siendo bueno. No se nos pide que seamos buenos en una mañana, sino todos los días.

Pero estos hombres suelen morir precisamente a causa la rutina. Generalmente son personas que tienen alguna dificultad para gozar. Necesitan un alto nivel de estimulación para experimentar el sentido de la existencia. Mientras que otros, en la rutina, experimentan el simple placer de escribir o tomar un café.

Usted hablaba antes de la tragedia griega, de la identificación con el héroe. Hay un efecto de catarsis, de purgación o de depuración de las pasiones.
En el deporte, el efecto catártico puede tener fallos catastróficos. Pensemos en la tragedia de Heysel en 1985, en la que murieron 39 personas.

Personalmente, no me siento muy cómodo con la palabra «catarsis», que suena como una metáfora de purga, como si uno se sintiera mejor después de purgarse...

Ante todo, repito, creo que no sabemos quiénes somos si no nos ponemos a prueba, o si la vida no nos ha puesto a prueba. Y creo que todas las culturas han inventado desafíos: de bienvenida, de iniciación, deportes de pueblo, donde la gente se reunía para ponerse a prueba. «¿Con quién quieres luchar? Me demostraré a mí mismo que soy valiente. Tengo miedo, subiré al ring con una sonrisa en la cara, para que parezca que no tengo miedo, y entonces estaré orgulloso de mí mismo. He superado mi miedo».

Creo que nuestra cultura probablemente ha devaluado todos estos mecanismos de iniciación... Lo que nos ha llevado a concebir iniciaciones mucho más trágicas como el bachillerato, mientras que antes teníamos escenarios de iniciación que duraban un día o dos. Ahora, el bachillerato dura dos años. ¡Esto es perfecto para desarrollar la angustia!

Mientras que la iniciación era una prueba que te hacía sentir eufórico, y luego te permitía ocupar tu lugar en la cultura, el bachillerato es estrés durante dos o tres años, sin permitirte luego ocupar tu lugar en la cultura.

Pero cuando las manifestaciones institucionalizadas están destinadas a canalizar afectos, y esta canalización falla, puede producir el efecto contrario, y de forma extremadamente espectacular y desenfrenada.

Los estadios son lugares de enfrentamiento y explosiones de violencia, como si no hubiera una purga –sé que no le gusta el término– sino una amplificación. La violencia se vuelve casi adictiva.

Absolutamente, es una forma de adicción. Ciertas violencias provocan una adicción a la violencia. Miedo seguido de euforia. Muchos de los que cometen atracos dicen que se sorprenden, después del atraco, de lo eufóricos que están de noche y de día.

Necesitan estímulos intensos. Y los estadios siempre han sido un lugar de violencia.

Con los romanos, había carreras con carros que volcaban, combates de gladiadores... Era el espectáculo de la violencia. Ya estaba escenificado y cumplía una función.

Pero una cultura que quiere que todo sea seguro acaba por adormecer a los individuos. Y los jóvenes, que necesitan saber quiénes son, tienen que inventar rituales mucho más crueles y estúpidos que los que la cultura podría ofrecerles.

Durante un ritual de aculturación, se invita al joven: «Has sido más fuerte que la muerte, has triunfado sobre el león, has triunfado en esta prueba, eres un hombre. ¡Ven! Ahora te escucharemos. ¡Habla! Su palabra será la de un joven adulto».

Esto no es en absoluto lo que hace nuestra cultura. En nuestra cultura, no debemos correr ningún riesgo, debemos hacer que todo sea seguro. El resultado es que adormecemos a nuestros jóvenes.

Y este adormecimiento de los jóvenes que aman la vida los lleva a inventar rituales absurdos, como tomar drogas y meterse en peleas durante los partidos de fútbol.

Pero el fenómeno no es nuevo. Los estadios siempre han sido lugares de violencia o de canalización de la violencia, como vimos en el caso del imaginario nazi, con esa canalización cerrada: hombres a un lado, mujeres al otro, jerarquía, pancartas... Todo estaba cerrado, solo había un discurso posible, el del líder.

Desigualdades y categorías

¿La educación solo es posible mediante la comparación? El deporte, tomado en esta perspectiva, ¿no corre el riesgo de ser un factor de desigualdad, de mantenimiento de la desigualdad?

Si hacemos de la competencia el valor supremo, es obvio que estamos fabricando héroes. Es la fabricación de héroes biológicos, de una calidad física asombrosa, que pagan, pero que nos representan.

Y, por supuesto, también es una fábrica de la desigualdad. Pero nuestras escuelas son también la fábrica de la desigualdad. ¡Las escuelas de élite son la fábrica de las grandes desigualdades! Y las escuelas pequeñas son también la fábrica de desigualdades, su reproducción. Podemos predecir los resultados escolares de un niño conociendo los ingresos de sus padres. Así que también tenemos la reproducción de las desigualdades.

Sin embargo, mantenemos un discurso tranquilizador: vamos a luchar contra las desigualdades, pero cuando yo estudiaba medicina, alrededor del 11 % o 12 % de los estudiantes de medicina eran hijos de pobres. Hoy estamos en el 1 %, a pesar de las becas, a pesar de los ánimos, a pesar de todos los bonitos discursos, pero muy alejados de la realidad.

¿No fomenta el deporte la desigualdad al categorizar a los individuos? Categorías sexuales, categorías de peso, categorías de altura... ¿No estamos instituyendo nuevas discriminaciones, un nuevo sistema de desigualdades, con el pretexto de compensar precisamente esas desigualdades?

Creo que la desigualdad forma parte del proceso de lo vivo. La transmisión de la desigualdad a través de las generaciones también se da en los animales: en las gaviotas, en los grandes simios...

Una hembra se convierte en dominante porque se ha asegurado, porque ha conseguido algunas victorias, porque ha sido capaz de intimidar a los machos. Todo esto forma parte de la vida y se transmite de generación en generación.

Cuando los pequeños tienen una madre dominante, tienen una alta probabilidad de ser dominantes, porque están seguros y dinamizados.

Lo mismo ocurre con nuestros hijos. Si mamá y papá dan seguridad y energía, porque no tienen problemas sociales, porque viven en un barrio donde se duerme bien, donde no están demasiado lejos de la escuela o de la universidad, los niños estarán mucho mejor intelectualmente que los que tienen que conducir o tomar el metro durante dos horas todas las mañanas, y los que se acuestan tarde porque la televisión estará encendida hasta la una de la madrugada.

La desigualdad forma parte de la vida. Pero podemos luchar contra esta desigualdad... con la que somos ambivalentes. Militamos por la igualdad, pero admiramos a los héroes, admiramos a todos los que alcanzan un gran rendimiento intelectual o físico. Los admiramos, aunque luchemos contra la desigualdad.

Creo que hay una manera de luchar contra ella. Se trata de crear puentes: un joven puede perfectamente ser medalla de oro en un deporte a los 18 años, mientras que otro lo será de una escuela de élite a los 25, pero con la condición –como hacen los estadounidenses, y como hacían los rusos comunistas antes de la caída del Muro– de que haya oportunidades para ponerse al día a lo largo de la vida. Porque un mal rendimiento a la edad de la selección, en torno a los 18-20 años, no impide que haya un excelente rendimiento a los 25, 30, 40 o 50 años.

En la llamada universidad de la «tercera edad», tengo alumnos mayores jubilados. Su memoria no es tan aguda como la de los jóvenes y, sin embargo, sus resultados académicos son mucho mejores porque se organizan mejor, prestan atención, alternan esfuerzo y comodidad...

El tema de las categorías es, cuando menos, confuso y ambiguo: se intenta compensar una discapacidad con prótesis que permiten al discapacitado correr contra personas sin discapacidad, siempre que no corra más rápido que ellas, en cuyo caso quedaría excluido de la competición. Esto se convierte rápidamente en algo problemático, como ha demostrado también el caso de Caster Semenya, una joven corredora de 800 metros que no encajaba en ninguna categoría sexual predeterminada.

Cuando nos ponemos a pensar, necesitamos categorías binarias, porque es el pensamiento fácil, es el pensamiento perezoso: todo lo que no es grande es pequeño, todo lo que no es gordo es delgado, todo lo que no es hombre es mujer. Y, a medida que envejecemos, ganamos un poco de experiencia y descubrimos que podemos ser más o menos altos, más o menos gordos, más o menos hombres y más o menos mujeres.

Ahora bien, hay distintos tipos de constituciones «naturales» que muestran que algunas hembras –digo «hembras» a propósito– tienen, por encima de los riñones, glándulas suprarrenales que segregan testosterona. Algunas segregan más testosterona que la media de las mujeres. Así que tienen enormes deltoides, una gran mandíbula, un comportamiento modificado, y rinden muy bien en los deportes. Cromosómicamente, son hembras; sexualmente, genitalmente, son hembras; hormonalmente, son machos.

¿Qué estamos haciendo? Así que, aquí, las categorías son necesarias *y* abusivas.

Las categorías son necesarias, porque nos ayudan a pensar mediante un artificio binario: lo que no es masculino es femenino. Tranquilo. Y luego, en realidad, somos más o menos hombres, más o menos mujeres.

Si realmente quisiéramos ser justos, solo habría una categoría: el rendimiento. Y en ese caso, no habría muchas mujeres en los Juegos Olímpicos. Así que tenemos que hacer categorías, sabiendo que estas categorías son abusivas.

Empatía y moral

Si nos fijamos en la moral –la moral en el sentido general del término–, hay una moral deportiva que se representa con bastante facilidad y cuyos méritos se alaban. ¿Cree que esta moral deportiva pretende ser una especie de moral universal? ¿Encarna el deporte, de manera ejemplar, valores que pueden ser compartidos por todos? Porque no es prerrogativa de ninguna civilización en particular...

Esta pregunta, planteada así, me resulta difícil de responder. Me incomoda el concepto de «moral».

He sido psicoterapeuta desde hace casi cuarenta años, y sostengo que los grandes perversos son todos moralistas. Empezando por Sade. *Justine* era una lección de moral.

Cuando era niño, robé *Los ciento veinte días de Sodoma* pensando que era un libro erótico. Pero es un libro muy aburrido de economía política. Otro ejemplo: Sacher-Masoch, que fue aceptado en la Sorbona de París, terminó como profesor de moral. También he tenido que acompañar o asesorar a grandes pervertidos sexuales, que eran todos moralistas. Todos ellos resultaban desmoralizadores. Esto es lo que quería decir: me siento incómodo con este concepto.

Prefiero el concepto de empatía. En la empatía, me represento el mundo de los demás, y aun sin recurrir a la ley no puedo permitírmelo todo. Hay algo que me retiene.

En el deporte, debe haber un árbitro para frenar, una amonestación para frenar. Debe haber un reglamento. Son las reglas las que frenan, no el sujeto; el sujeto llega hasta donde puede, y es la ley, la fuerza exterior, la que le frena. Mientras que, en la empatía, soy yo quien se frena.

Creo que la empatía es más moral que el deporte.

Pero la moral no se reduce al moralismo. Me refería a la moral en el sentido propio del término, en la medida en que se refiere a las costumbres, a las formas de vivir y de ser. No se trata simplemente de una moral en el sentido kantiano del término, con mandamientos e imperativos.

Entonces son las costumbres, los rituales, que están más cerca de la empatía que de la ley.

Por último, ¿qué le inspira el lema olímpico?

¿Citius, Altius, Fortius?
Me inspira *Fortunus*, ¡más dinero!

Pero también la suerte, si es que la fortuna tiene algo que ver con la suerte.

Sí, puede ser una suerte. El deporte es una suerte.

Es una suerte para el individuo. El placer de usar el cuerpo, de sentirse bien, el placer rendir, el placer de conocer gente, el placer de competir. Por eso me gusta tanto el deporte de bajo nivel, porque él sí que socializa. Él sí que moraliza. Esto no impide la competición, pero después de la competición, aunque hayamos perdido, iremos juntos al restaurante. Es decir, hablaremos, estableceremos una relación humana, haremos una epopeya de nuestra lucha, de nuestra carrera: la convertiremos en una producción humana.

De modo que, si esa es la moral del deporte, de acuerdo, yo voto por eso.

Pero no siempre es así, porque creo que no es el deporte lo que es una fuente de moral o de anillos olímpicos, sino el significado que le damos. Si se trata de aprender a estar juntos y ser mejores, ¡viva el deporte! En cambio, si su significado es «soy más fuerte que tú, te domino porque mi país tiene una ideología superior a la tuya», ¡ay del deporte!